베트남을 위한 기도 가이드

KB201603

More Stories from Vietnam
©2016 OMF International

CONTENTS

1. 양극단의 나라

21세기의 베트남은 양극으로 대비되는 나라이다. 변화와 기회의 리듬을 타고 있는 대도시와 점점 높아가는 해발의 수위를 염려하며 고달픈 삶을 이어가고 있는 가난한 농부들이 있다. 도시의 교회들은 크기도 하고 별다른 압박 없이 공개적으로 예배를 드릴 수 있는데 반하여, 시골 교회의 목사들은 모임 중에 잡혀가기도 한다.

관광객들은 40년 전의 비극적인 전쟁 이야기에 넋을 빼앗긴다. 그러나 대부분의 베트남인들은 지금 미국을 친구로 여기고 있으며, 오히려 북쪽에서부터 세력을 확장해 오며 역사적으로 훨씬 더 오랫동안 갈등관계에 있는 이웃 나라 중국을 더 경계하고 있다. 사실 '베트남'이라는 말도 '남쪽 사람들'이라는 뜻으로, 국가로서의 그들의 정체성을 항상 중국의 그늘에 두고 있다.

현재 도시의 젊은이들은 주머니에 스마트폰을 넣고 다니며, 입으로는 영어구절을 사용하면서 스타벅스나 맥도날드와 함께 자라온 반면, 북부 산지 부족 마을의 십대 청년들은 곡식 농사를 잘 짓기 위해 고군분투하고 있고, 아가씨들은 인신매매업자들에게 팔려 갈까봐 위험을 느끼며 살고 있다.

베트남은 기회의 나라이며 열려있는 나라이다. 사람들과 기업뿐 아니라 은혜의 복음을 전하는 일에도 마찬가지이다. 그런데 이렇게 급속도로 변화하는 나라에서 예수 그리스도의 복음을 전할 때 어디에 포커스를 맞추어야 할까?

베트남의 신자 수는 지난 10년 동안 배가 되기는 했지만 아직 소수에 불과하다. 성경을 믿는 기독교인의 3/4은 흐몽(Hmong)족과 같은 소수 종족이다. 이들은 복음에 매우 호의적이다. 순수 베트남인은 7천9백만 명 중 45만 명이 기독교인이다. 베트남 북부는 복음적인 신자가 인구의 0.05% 미만이다. 소수 부족 중 인구가 많은 눙(Nung)족, 떠이(Tay)족, 므엉(Muong)족은 신자 수가 그보다 더 적다.

우리는 이 사람들에게 예수 그리스도의 복음을 전하는 것만을 목표로 하지 않고 한걸음 더 나아가 복음의 그 모든 풍성함으로 사람들의 삶과 공동체를 바꾸는 것까지 보기 원한다. 하나님의 영광을 위하여, 베트남의 변화를 보기 위해서는 기도가 그 토대가 되어야 한다. 이 책은 여러분이 이 다채로운 나라와 그곳에 사는 사람들을 생각하며 기도할 수 있도록 도와줄 것이다.

2. 참된 종

응우웬(Nguyen)은 30세로 교회개척에 힘을 쏟고 있다. 최근 하나님께서 자신의 고향 마을에 두 개의 예배그룹을 시작하게 하셨다. 그녀는 도시에 살고 있는데 2주에 한번씩 5시간을 운전하여 이들을 만나러 고향 마을을 방문한다. 하나님께서 이 사역에 온전히 헌신하라고 부르시는 것을 느꼈기 때문에 응우웬은 큰 믿음을 발휘하여 하던 일을 그만두었다. 하나님의 부르심에 4년만에 결단을 내린 것이다. 이제 그녀는 생활비를 위해 가끔씩 가르치는 일을 하지만 확실한 직업이 없다.

응우웬의 용기 있는 헌신은 다른 신자들에게도 큰 격려가 되었다. 공안 당국은 그녀와 심지어 그녀의 부모들까지 위협하며 그 일을 못하도록 여러 번 경고를 하였다. 그러나 응우웬은 조금도 두려워하지 않았다. 부모를 위협하던 일이 있은 직후, 그녀는 새로 믿은 신자들에게 세례를 주기 위하여 마을로 돌아왔다.

고향 마을의 노인들은 응우웬이 나이도 많은데 결혼하지 않은 것을 놀리면서 이렇게 물었다. "응우웬이 섬기는 창조주가 정말로 능력이 있다면 왜 남편을 찾도록 도와주지 않는 거요?" 신자들을 돌보는 목회의 일이 고향의 문화에서는 여자에게 적합하지 않은 것으로 여기지만, 응우웬의 믿음에는 변함이 없다. 자기를 부르신 분이 틀림없이 자신을 통하여 그분이 원하시는 일을 하실 것이라고 믿기 때문이다.

PRAY

- 응우웬처럼 십자가를 위하여 기꺼이 자신의 삶을 드리는 사역자들을 주신 것에 감사드리자.
- 추수의 주님께서 교회마다 전임 사역자들을 세워주셔서 사람들을 충분히 도울 수 있도록 기도하자. 또한 자신들이 지불해야 할 대가를 알고 순종한 사람들을 위해서 기도하자. 하나님께서 그들을 보호해 주시고 그들의 필요를 채우셔서 그들이 사역을 지속할 수 있도록 기도하자.

3. 한 가족의 믿음

지금은 성숙한 그리스도인이 된 민 로안(Minh Loan)은 어떻게 자기 가족이 예수님을 믿게 되었는지 자신의 이야기를 들려주었다.

"내가 다섯 살쯤 되던 해, 어느 토요일 오후, 아버지가 밭에서 일하고 계실 때, 삼촌이 목사님 한 분을 모시고 우리 집에 왔어요. 삼촌은 기독교인이었고, 우리 가족은 그가 가족의 제사에 오지 않아서 싫어했어요. 아버지는 곁에 있는 맥주병을 따서 목사님께도 마시라고 드렸어요. 그런데 목사님은 술이나 담배를 사양하시면서 하나님께서 그런 것들에 중독되지 않도록 힘을 주셨다고 말씀하셨어요. 목사님은 또 자기는 점쟁이에게 돈을 쓰지 않는다고도 말했지요. 아버지는 술을 많이 마시는 습관이 있었고 점을 치기 위해서 돈을 많이 쓰셨어요.

그날 이후에 아버지는 엄마에게 물었어요. '내일 교회 가고 싶어요?' 바로 3일 전에 엄마가 나무를 베고 있을 때 바람이 세차게 불어 그만 나무가 엄마 쪽으로 넘어지고 말았어요. 그때 엄마는 '라이 쭈어(Lay Chúa)! (오, 하나님!) 하고 외쳤어요. 지금까지 엄마는 다급할 때 늘 부처님을 불렀었는데, 엄마가 하나님을 부른 것은 그때가

처음이었어요. 놀랍게도 그 나무는 작은 나무에 걸려서 엄마에게까지 닿지 않았어요. 엄마는 나무가 자신에게 넘어졌으면 자신은 죽었을 것이라고 생각하게 되었지요.

그 다음날 주일에 부모님은 내 위의 일곱 남매를 모두 데리고 교회로 갔고, 온 가족이 그리스도를 영접했어요. 그런데 나와 여동생은 너무 어려서 그날 가지 못했기 때문에 그날 우리 둘만 기독교인이 되지 못했어요. 아버지는 술과 담배를 끊었고 제사도 지내지 않았어요. 우리 부모님이 믿음생활을 하면서 갈등이 없었던 것은 아니었지만, 온 가족이 모두 믿게 되니 정말로 좋았어요."

4. 삶이냐 죽음이냐?

한 미국인이 자신의 아파트에서 엘리베이터를 기다리며 베트남인 이웃과 이야기를 하고 있었다. 뗏(Tet)(베트남에서 제일 큰 설 명절)에 고향에 돌아가느냐고 물었다. "안 가요. 너무 멀어서요. 집에 가면 제사를 지내거든요. 미국에서는 사람의 출생을 기념하며 축하하지요? 우리는 죽은 날을 기념해요."

찌엣(Triet)은 아버지가 작년에 돌아가셔서 첫 제사 때 고향에 가려고 한다. 찌엣이 가면 먼저 가족의 제사상에 향을 피우고 이마를 땅에 대고 절을 해야 한다. 제사상에는 아버지 사진과 3대 위 조상들의 사진이 놓여 있고 과일과 맥주 그리고 다른 음식이 차려져 있다. 그는 제사상에 빵을 한 조각 놓을 것이다. 직계 가족은 모두 애도의 표시로 흰 상복을 입는다.

제사를 지내고 나서는 가족이 모두 아버지의 산소에 가서 과일과 향을 놓고 온다. 그들은 근처의 무덤에도 향을 피우는데 그 후손들이 의무를 다하지 않고 무덤을 돌보지 않는 경우를 대비해서 도와주는 것이다. 찌엣과 그 가족은 언제까지 삶 대신 죽음을 기념할 것인가?

PRAY

- 베트남 사람들이 그리스도 안에 있는 진정한 삶과 영원한 평안을 발견할 수 있도록 기도하자.
- 믿지 않는 가정에서 제사 문제에 부딪치는 그리스도인들을 위하여 기도하자. 어떤 이들은 죽은 조상들에게 절을 해야 하는 갈등을 피하기 위해 아예 고향에 가지 않는다. 또 다른 이들은 가서 가족과 함께 시간을 보내며 어떻게 하면 제사에 참여하지 않고 합당한 예우를 보일 수 있을까 그 방법을 찾으며 기도한다.

5. 다른 사람이 되어 출발 지점으로 돌아오다

란(Lan)은 아름다운 미소를 지닌 밝고 낙천적인 소녀인 것을 누구나 한눈에 알아본다. 이 소녀가 13년 동안 고아원에서 자랐고 과거에 거친 세월을 보냈다는 것을 믿기 어려울 정도이다. 22세가 된 란은 지금, 국제적인 회사에서 경력을 쌓고 있으며 이전과는 매우 다르다. 자신이 이루어낸 모든 경력에 아랑곳 하지 않고 자신을 구원으로 이끌어준 믿음을 다음 세대에게 전하려고 결심했다.

란은 매달 왕복 3시간 걸리는 시골 길을 오토바이를 타고 고아원에 다녀온다. 란과 함께하는 자원봉사자 팀 동료들은 고아원 아이들과 함께 게임도 하고 그림도 그리며 공예나 컴퓨터 기술을 가르치기도 한다. 그리고 성경도 가르친다. 또 아이들과 요리도 하고, 가사 일을 도와주며 가끔씩 파티도 열어준다.

현지 당국은 고아원에 있는 직원들에게 압력을 넣어서 '그 기독교인들'을 쫓아 보내고 복음을 전하지 못하도록 막는다. 이러한 압력에도 불구하고 8명의 아이들이 그리스도를 믿겠다고 하니 기적이다. 란은 말한다. "고아원 직원들은 우리가 기독교인인 것을 압니다. 그리고 그들이 받는 압력 때문에 우리에게 하나님의 말씀을 전하지 말아달라고 합니다. 우리가 아이들에게 성경책을 주면 직원들이 빼앗아 갑니다. 그래서 우리는 아이들이 성경 말씀을 배워서 외우도록 도와주고 있습니다."

란은 자기가 9살 때 고아원을 방문한 사람의 전도를 통하여 신자가 되었다. "저는 대학생이 되어서 하나님에 대해 더 많이 배우게 되었고, 믿음도 더 강하게 자랐어요." 라고 고백한다. 란의 우선순위는 고아원의 아이들이 자신이 믿는 예수님과 교제하도록 돕는 일이다. 란은 자신이 처음 그리스도를 알게 된 곳, 그 출발 지점으로 다시 돌아왔다고 믿는다.

6. 살아있는 말씀

"나는 우리 교회의 여성들이 성경을 이해할 수 없을 것이라고 생각했었다." 어느 목사님의 간증이다.

그는 15년간 성경을 가르친 경험을 가진 목사로서 말씀을 전하는 새로운 방식의 영향력에 대해 이야기하고 있었다. 그는 스토리텔링의 방식으로 하나님의 진리를 어떻게 더 깊이 나눌 수 있을까 배우기 위하여 훈련 과정에 참석했다.

이 새로운 교수법은 배우기가 매우 어려웠지만 시골 가정교회에 적용했을 때 그 결과는 매우 놀라웠다. 시골지역의 가정 교회에서 이 방법을 적용했을 때 그 결과는 매우 놀라웠다. 그는 교회의 여성들이 이해할 능력이 부족해서 자신이 가르치는 것을 이해하지 못할 것이라고 생각했는데, 새롭게 배운 스토리텔링 방식으로 성경을 가르치자 성경 말씀이 살아서 여성들에게 생생한 도전을 주었고 그들의 삶이 변화되었다.

베트남에 있는 많은 기독교 사역자들은 복음 전도와 제자 훈련 및 지도자 훈련에 사용하려고 새로운 '성경 이야기 스토리텔링' 방법을 계발하고 있다.

구원에 관한 모든 성경의 이야기를 전달하는 데는 구술이나 시각적인 것뿐만이 아니라, 미술이나 무용, 그리고 전통 음악과 드라마를 포함한 여러 가지 방법들이 많이 있다. 이러한 방식들은 그 지역의 문화와 연계하여 접근할 때, 말로 전달되는 메시지보다 더 깊고 진한 의사소통의 효과를 볼 수 있다.

PRAY

- 구술적 방법을 사용하여 복음을 전하며 제자 삼는 사역을 하고 있는 사역자들이 이 스토리텔링 접근법을 더 많이 사용할 수 있도록 기도하자.
- 모든 베트남 사람들의 언어, 특히 기독교인이 거의 또는 전혀 없는 부족 사람들을 위한 구술 형식(스토리텔링)의 이야기 성경을 개발하도록 기도하자.
- 구술 성경학교가 평신도 지도자들을 준비시키기 위한 방법론과 커리큘럼을 더 체계적으로 계발시켜서 목회자들도 훈련시킬 수 있도록 기도하자.
- 주님께서 베트남의 여러 다른 종족 사람들이 자신의 언어로, 자기 부족 사람들에게 복음을 효과적으로 전하기 위한 스토리텔링 방법들을 계발할 창의력을 주시도록 기도하자.

7. 이동 중에

정치적 혼란의 시기에, 큰 종족 그룹인 눙(Nung)족과 떠이(Tay)족* 사람들이 최북단에 있는 그들의 본거지에서 베트남의 남쪽으로 이주했다. 이들이 북쪽의 공산주의를 떠난 일 때문에 가족들은 나중에 어려움에 빠질 수 있었다.

그러나 이런 상황에서 좋은 일들도 있었다. 많은 가족들이 1950년대에 남부로 이주했고, 1960년대에 선교사들은 전쟁지역의 한 가운데에 있던 눙족과 관계를 맺기 시작했다. 십년이 넘도록 선교사들은 언어를 배우며 부분적이나마 성경을 번역하기 위해 열심히 노력하였다. 오늘날 가장 많은 숫자의 눙족 그리스도인들이 이 지역에 살고 있다!

이 눙족 그리스도인들이 기꺼이 자발적으로 자신들이 살던 북부 지방으로 돌아간다면 무슨 일이 일어날까? 그들과 그들의 친척들이 살았던 곳으로 자신들이 받은 복음 메시지를 가지고 기꺼이 다시 돌아간다면 어떻게 될까?

하나님께서 이들 그리스도인 형제자매들의 마음에 베트남 북부의 잃어버린 영혼들로 살고 있는 눙족과 떠이족 사람들에 대한 부담을 부어주시도록 기도하자.

지난 세기 우리에게 눙족과 함께 일할 수 있는 기회를 주신 주님께 감사드린다! 북부 지방에 사는 200만 명의 눙족과 떠이족 사람들은 아직 복음을 듣지 못했다. 복음을 믿은 눙족과 떠이쪽 사람들 중에서 북부의 같은 종족에게 하나님의 이야기를 나누는 일에 도전할 일꾼들이 나오도록 기도하자.

*눙(Nung)과 떠이(Tay)는 베트남 북부와 북동부의 산악 지역, 그리고 중국 남부에 주로 거주하는 따이(Tai) 종족 그룹이다. 이들은 중국 쭈앙(Zhuang)족의 일부이기도 하다. 현재 베트남에 있는 250만 명의 눙족과 떠이족 중 300-400명의 그리스도인이 있다. 그러나 여전히 자신의 언어로 된 성경은 없다.

8. 한 소수 부족의 첫 신자

외딴 시골지역에 사는 사람들에게는 현실적으로 대학 교육이 매우 어렵다. 그러나 최근에는 어렵기는 해도 달성 가능한 꿈이 되고 있다. 대학에 합격한 소수의 사람들은 가족 전체의 생활 방식을 바꾸기에 충분한 돈을 벌 수 있는 좋은 직업을 꿈꾸고 있다. 이 학생들 중 일부는 영어를 배우기도 하는데 외국인 그리스도인이 선생님일 경우도 있다. 그들은 언어 능력을 향상시키기 위해 영어 센터에 다니기도 하고 일부는 영어 클럽에 참여하기도 한다.

똠(Tom)이 그런 학생이었다. 그는 한 학기 동안 영어 실력을 향상시키기 위해 영어 클럽에 참여했다. 어느 날 영어 클럽에서 전도를 위한 특별 행사를 하였는데 거기서 똠은 예수님을 따르기로 결심했다. 그는 베트남 농촌 지역의 눙(Nung)족 출신으로, 가족 중에서 첫 신자이면서, 어쩌면 전체 마을에서 처음 나온 신자일 수도 있다.

똠의 새로운 인생은 이제 시작에 불과하며 아직 갈 길이 멀다. 예수님에 대한 그의 신앙 때문에 가족과 지역 사회로부터 압력과 어려움이 찾아오게 될 것이다. 그는 도시 대학에서 베트남어로 공부를 계속하고 베트남 교회의 일원이 되지만 그의 눙족 언어와 문화는 그의 마음에 남아 있을 것이다. 그는 최근에 기쁨에 들떠 있다. 왜냐하면 자신과 같은 종족의 새 신자에게 눙족 언어로 몇 가지 성경 이야기를 나누며 도와 줄 수 있었기 때문이다. 이것은 정말로 그의 믿음을 크게 격려하는 일이었다.

PRAY

- 똠과 모든 새로 믿게 된 신자들이 예수님에 대한 신앙을 견고하게 유지하도록 기도하자.
- 하나님께서 계속하여 똠을 그분의 나라를 위한 도구로 사용해 주시도록 기도하자. 또 그의 온 가족이 예수님을 알게 되도록 기도하자.
- 똠의 고향에 교회가 세워져서 그 지역에 예수님의 증인이 될 눙(Nung)족 사람들이 더 많이 일어나도록 기도하자.

9. 피조물 돌보기 (Caring for Creation)

베트남은 주님의 것이다. 그 땅 안에 살고 있는 모든 사람과 동물, 자연계 안에 있는 모든 식물(쌀, 커피, 과일)에 이르기까지 모든 것이 주님의 것이다.(시24:1) 뿐만 아니라, 해수면, 삼각주에서부터 산악 고지대, 천연 자원(광물, 가스, 기름 및 목재)과 물과 공기에 이르기까지 그 땅 안에 있는 모든 것... 이 모든 것이 여호와께 속해 있다!

이 나라에는 농업에 적합한 비옥한 토양과 기후, 뿐만 아니라 모든 종류의 해산물과 다른 해양 자원에 무제한으로 접근할 수 있는 긴 해안선이 있다. 매우 자랑스러운 환경이다. 그러나 생태계 파괴는 하나님께서 축복으로 주신 풍요로움을 위협하고 있다.

급속한 도시화와 산업 개발로 인해 공기와 물이 심하게 오염되었다. 농민들은 당장 돈이 되는 농작물을 재배하기 위해 삼림을 훼손시킴으로 침식 문제를 야기했고 해수면 상승은 홍강 하류와 메콩강 삼각주의 경작지들에 치명적인 피해를 주고 있다. 또한 어류 남획으로 인해 연안해역의 균형이 무너졌다. 전 세계적으로 하나님의 선한 창조 세계를 파괴시키는 관행들이 일상적으로 행해지고 있지만, 특히 이러한 문제들은 베트남에서도 긴급하게 해결되어야 할 문제이다.

베트남에서는 인구 밀도가 높은 다른 개발도상국들과 마찬가지로 사회적, 경제적 필요에 의해 환경문제가 더욱 복잡해지고 있다. 선진국들을 따라잡으려는 욕심에 이 문제들을 해결할 자원이 부족하다고 여기며 오히려 이로 인해 경제 발전이 늦어진다고 생각한다. 이러한 사고방식이 승리하지 못하도록 기도하자!

PRAY

- 환경 연구가들이 담대하게 환경문제의 심각성에 대한 목소리를 내며 바른 해법들을 제시할 수 있는 지혜를 가지도록 기도하자.
- 이에 관한 정책을 만드는 사람들이 베트남의 생태계에 대한 비전을 가지고 지속적으로 실행 가능한 법률들을 만들 수 있도록 기도하자.
- 베트남 교회가 성경적 교회로 성장해 가도록 기도하자. 그리고 베트남 교회가 하나님의 피조물을 돌보는 것의 중요성을 충분히 인식하고 중요한 선교 사업 중 하나로서 참여할 수 있도록 기도하자.

10. 한 소년의 삶

롱(Long)은 축구와 슈퍼맨을 좋아하고 장난감 자동차를 가지고 놀기를 좋아하는 8살 소년이다. 그는 베트남 중부지역의 산속 마을에 살고 있는데 한 번도 대도시에 가 본 적이 없다. 그에게는 다섯 명의 형제자매가 있고, 그의 부모님은 자녀 교육비 벌기 위해 옥수수 밭에서 열심히 일하고 있다. 그의 조부모님은 롱의 가족들과 함께 살고 있는데 은퇴 한 이후로는 매일 마을에 있는 불교 사원으로 간다. 롱은 할머니와 할아버지께서 불교사원에서 가져다주시는 바나나 먹는 것을 좋아한다. 그리고 롱은 매달 두 번씩, 음력 1일과 15일에 불교 사원에 할머니와 할아버지를 따라 간다. 그러나 롱은 부처님이 누구인지, 사원에서 행하는 여러 가지 의식들이 무엇을 의미하는지 알지 못한다.

그가 가장 궁금해 하는 점은 그의 아버지와 형이 피우고 있는 담배에 있다. 롱은 얼른 어른이 되고 싶다. 담배를 피울 수 있는 그들과 어울릴 수 있는 날을 기다리기가 너무 어렵기 때문이다.

최근에 이웃에 '인터넷 카페'가 문을 열었다. 롱은 컴퓨터를 사용할 수 있게 되면서 이 새로운 세계에 매료되었다. 그는 기회가 생길 때마다 온라인 게임을 한다. 그의 부모님은 컴퓨터를 사용한 적이 없어서 롱이 매력을 느끼고 있는 이 다른 세상을 전혀 이해하지 못한다. 그러나 부모님들은 사실, 그가 인터넷에만 몰두하는 것을 걱정스럽게 바라보며 실망하고 있다. 롱이 어릴 때부터 가지고 있던 꿈은 경찰이나 비행기 조종사가 되는 것이었다. 그러나 지금은 자신이 아버지처럼 농부가 될 것으로 알고 있다.

PRAY

- 인터넷은 우리에게 위험뿐만 아니라 기회도 제공한다. 그리스도인들이 롱과 같은 베트남 아들과 연결하는 길을 찾을 수 있도록 기도하자.
- 교회가 없는 베트남의 많은 시골 지역을 위해 기도하자. 하나님께서 이런 지역에 복음을 전달하기 위해 필요한 희생을 기꺼이 감수하며 나아오는 일군들을 일으켜 주시도록 기도하자.

11. 내 증인이 되리라

찌(chi)는 대학 1학년 때 분명한 주님의 비전을 받았다. 위험에 처한 아이들을 위해 일하라는 부르심이었다. 이러한 부르심의 응답으로 그녀는 정기적으로 외딴 마을로 단기 팀과 함께 들어가 어린이들에게 복음을 전했다. 그녀는 경험을 쌓기 위해 국제 유치원에서 일하면서 저축을 하고 있다. 위험에 처한 아이들에게 초점을 맞춘 선교 제자훈련을 받기 위해서이다. 그녀를 옆에서 지켜보던 직장 동료들은 티의 직업윤리와 아이들에 대한 그녀의 사랑에 깊이 감동했다.

또 다른 청년 옌(Yen)은 자신의 믿음을 다른 사람들과 나누는 것에 늘 소심하다. 특히 자신이 일하는 정부 연구기관에서는 더욱 그렇다. 그러나 최근에 목사님의 설교를 통해 다른 사람에게 다가가기 위한 창의적인 방법으로 사람들의 관심사를 사용하는 것에 대한 영감을 받게 되었다. 그래서 옌은 믿지 않는 친구와 동료들에게 다가가기 위한 수단으로 꽃꽂이 수업을 시작하도록 기도하고 있다.

타우(Chau)는 그리스도를 믿지 않는 가족과 직장 동료들에게 계속해서 신실한 증인이 되고 있다. 그녀는 하나님께서 자신을 향한 더 큰 계획을 위해 지금의 직장으로 인도하셨음을 알게 되면서 더 나은 보수와 직업 환경을 위해 일자리를 바꿀 수 있는 기회를 여러 번 거절했다. 타우는 직장에서의 어려운 상황을 통해 하나님의 은혜를 경험했는데, 이것은 자신과 관계된 모든 일에서 하나님을 인정하겠다는 결심 때문이었다. 그녀는 자신의 일자리에서 끊임없이 기도하며 비전과 꿈을 통해 힘을 주시고 인도해 주시는 것을 자주 경험하고 있다.

PRAY
- 개인이 대가를 지불해야 함에도 불구하고 삶으로 믿음을 증명해 보이는 베트남 기독교인이 더 많아지기를 기도하자.
- 베트남 기독교인들이 삶의 모든 영역에서 복음의 증인으로서의 역할을 잘 감당하도록 기도하자.
- 베트남 교회가 창의적이고 효과적인 방법으로 자국민들에게 복음을 전하도록 기도하자.

12. 결코 충분하지 않다

록(Loc)은 베트남 남부의 메콩강 삼각주의 논에서 자랐다. 그의 부모는 4개월마다 쌀을 수확했지만 논에 심을 때 든 비용을 제하고 나면 남는 게 별로 없어 대부분의 이웃 사람들처럼 근근히 생활하고 있다.

록은 동급생 친구들과 함께 고등학교를 졸업한 후 재정적 안정을 소망하며 호치민시로 이사를 했다. 그의 부모님께 조금이라도 더 보낼 수 있도록 돈을 충분히 벌 수 있다면 그는 행복할 것이라고 생각하면서. 몇 년 동안 일한 후에 록은 좋은 직장을 찾았고 그의 꿈은 바뀌었다. 그는 매달 가족을 위해 돈을 보내고 있었지만, 자가용을 사는 꿈을 꾸면서 오랜 시간 일을 계속했다. 몇 년 후, 그 꿈은 이루어졌다. 그는 자신의 차를 자랑스럽게 생각했다. 베트남 사회에서는 정말로 부유한 사람만이 자가용을 가질 수 있다. 록의 다음 목표는 도시의 중심가에 있는 멋진 아파트에서 사는 것이다.

베트남의 경제 성장으로 많은 사람들이 크게 개선된 생활 방식을 갖게 되었다. 빈곤 인구가 현저히 줄어든 것은 감사해야 할 일이다. 그러나 많은 사람들에게 성공과 부가 우상이 되어 복음의 풍성함에 대한 새로운 장벽이 되고 있다.

PRAY

- 물질적인 부를 추구하고 있는 수백만의 베트남인들을 위해 기도하자. 그들의 눈이 열려서 재물의 일시적인 환상의 허상을 알게 되고 오직 그리스도 안에서만 참된 안식이 있음을 알도록 기도하자.
- 성공한 기독교인들이 지혜롭고 관대하게 그것을 사용하며 자신의 부에 만족하도록 기도하자.
- 기독교인들이 베트남의 비즈니스 세계에 영향력을 행사하고 성실한 삶을 살며 직장에서 빛과 소금의 역할을 하도록 기도하자.

13. 계속 믿음으로 살기

홍(Hong)은 크리스마스 파티에서 남학생 한 명에게 "당신은 요셉이 될 수 있습니다." 라고 말했다. 홍은 자신이 가르치는 대학의 학생들 중 일부를 집에서 열리는 파티에 초대하여 크리스마스 쿠키를 구워 대접하며 크리스마스의 의미를 소개했다.

누가복음에 나오는 크리스마스 이야기를 연기하기 위해 각자의 역할을 기다리며 서 있다. 이 그룹에 있는 두 명의 다른 그리스도인들 외에는 그 이야기의 다음 내용이 무엇인지 아무도 몰랐다. '양'이 주위를 기어 다니는 동안 웃음소리가 홍의 집안에 넘치고 있었다. 그리고 '천사들'의 노래 소리도 함께 울려 퍼지고 있었다.

연기가 끝나고 그룹이 다시 원을 그리며 앉자, 홍과 두 명의 그리스도인 학생들은 각각 예수님과의 관계가 어떻게 그들의 삶에 변화를 가져 왔는지 간증하면서 예수님에 대해 더 알고 싶어 하는 학생이 있으면 언제든지 찾아오라고 권유했다. 그 후 홍은 각자 새해의 소망이 무엇인지 나누도록 했다. 어떤 이들은 가족의 건강에 대해, 다른 이들은 더 깊은 우정을 소망했다. 홍은 아름다운 목소리를 가지고 있어서 모두가 그녀가 기독교 노래를 부르는 것을 좋아했다. 마지막으로 게임을 하고 시간을 마무리 했다.

PRAY

- 베트남 신자들이 자연스럽게 하나님의 이야기를 나누고 사람들과 대립하지 않으면서 예수님이 어떻게 그들의 삶에 변화를 주셨는지 나눌 때 담대함과 지혜를 주시도록 기도하자.
- 많은 베트남인들은 기독교를 외국종교로 보고 있다. 하나님께서 베트남 사람들을 유일무이하게 특별히 만드셨음을 믿도록 그 마음들을 바꾸어 주시기를 기도하자.
- 베트남 교회가 전도뿐 아니라 성숙한 신자로 자라는 일에도 열정을 갖도록 기도하자.

14. 새로운 삶의 길

쥬이(Duy)는 대학에 다니러 처음 이 도시로 이사했을 때 방황했다. 가족들이 너무도 그리웠다. 도시에서의 삶의 속도는 조용한 해변 마을의 속도와 너무 달랐다. 친절한 선배 기독교인 부부는 쥬이와 그의 대학 친구들 중 몇 명의 양부모가 되어 주었고 집에서 요리도 해주고 대학 생활의 스트레스도 해소하도록 도와주었다. 그들은 또한 예수님 안에서 새로운 삶에 대한 메시지를 나누었는데 쥬이는 하나님이 사람을 만들었다는 이야기를 처음으로 들었다. 마음이 너무 무거

웠을 때 그는 그 양부모님을 방문했다. 그들은 이러한 짐을 없애달라고 예수님께 기도하도록 그를 격려했다. 쥬이는 그렇게 함으로 놀라운 평화를 경험했으며 자신의 삶을 기쁘게 하나님께 드리게 되었다!

그는 더 많은 것을 배우기 위해 소그룹에 가입하기를 원했지만, 학업에 대한 중압감과 가족으로부터 받는 잔소리 때문에 쥬이의 관심은 줄어들었고, 결국 소그룹 모임에 나오지 않게 되었다. 그러나 위기가 왔을 때 그는 다시 그들을 방문해서 함께 예수님께 기도하게 되었다.

설 연휴를 맞아 그가 집에 돌아와 부모님에게 자신의 신앙에 대해 더 많은 이야기를 했을 때, 그의 부모님은 그가 조상들에게 등을 돌리고 예수를 믿는 것에 몹시 화를 내며 쥬이가 무릎을 꿇고 그의 조부모에게 향을 피우도록 강요했다.

PRAY

- 대학 공부를 위해 대도시로 이동하는 것은 베트남 청년들이 복음을 들을 수 있는 좋은 기회이다. 열린 마음을 가진 사람들이 예수님에 대해 들을 수 있는 기회를 갖도록 기도하자.
- 깊은 신앙으로의 여정은 쉬운 길이 아니기 때문에 많은 사람들이 믿음에서 떨어져 나간다. 그러므로 제자 훈련과 새로운 신자들을 양육하는 사람들에게 지혜와 인내를 주시기를 기도하자.

15. 무엇이 진리인가?

"나의 친가는 공자를 따르는 유교를 신봉합니다. 나는 유교를 좋아하고 그 가르침들 중 몇 가지는 따르지만, 모든 가르침을 실천하지는 않습니다. 외가는 불교를 믿습니다. 마찬가지로 불교의 가르침을 수긍하지만, 모든 것을 따르지는 않습니다. 지금 나는 기독교에 대해 배우고 있는데 …… 마음이 혼란스럽고 심란합니다. 그리스도와 부처를 동시에 따르는 것이 괜찮을까요?!"

진리를 찾고 있는 한 베트남 사람이 예수 그리스도가 유일하신 참 하나님이시라는 메시지를 이

해하지 못하여 아주 힘들어 하고 있다.
그들은 마리아를 숭배하는 것을 믿는
가톨릭 친구들로부터 그 분의 이름에
대해 들어보았을 수도 있고, 아니면 그
분에 대해 전혀 들어 본 적이 없을 수도
있다. 불교는 다양한 종교를 수용하기
때문에 영적 세계에 대한 베트남 사람

들의 믿음을 쉽게 통합한다. 그래서 그리스도께 오면 유일하신 하나님께만 헌신해야 한다는 것이 이해하기 힘든 것이다.

그래서 복음의 메시지가 한 개인의 선호도에 따라 좌우되는 것이 아니고, 그리스도 안에서 전 우주적인 하나님의 계획이라고 설명하여 베트남의 사회와 문화에 스며들도록 전달하는 것이 더 중요하다.

PRAY
• 베트남 그리스도인들이 복음을 온전히 이해하고 순종과 헌신으로의 부르심에 대한 확신을 가지고 지혜롭게 전파하도록 기도하자.
• 복음이 신자들의 삶 속에서 뿐만이 아니라 하나님을 섬기는 교회 공동체 안에서도 복음증거를 통한 변화가 일어나도록 기도하자.
• 교회가 담대하게 순종과 제자됨에 대해 가르치게 하시고 율법과 하나님의 은혜의 균형을 이룰 수 있도록 기도하자.

16. 하늘의 주인

나는 어렸을 때 가끔씩 하늘을 우러러 보며 하늘과 자연을 창조한 누군가가 있다고 생각했다. 아마도 나는 하나님께 열린 마음을 가지고 있었던 것 같다. 들판에서 곡식을 돌볼 때는 내 나름 대로 이해하고 있는 하나님, 즉 하늘을 창조하시고 비와 햇빛을 주관하시는 분께 기도를 하곤 했다. 나의 할 일은 지붕에서 쌀을 건조시키고 또 그 쌀이 젖지 않도록 잘 덮어 두는 것이었다. 쌀이 비에 젖지 않도록 덮기 전에 비가 내리지 않기를 기도하곤 했다. 가끔씩 쌀을 제시간에 거 두지 못할 때도 있었다. 그래도 나는 하나님을 원망하지 않았다. 아마도 하나님께서 내 기도에 응답하신 것 같다.

하나님께서는 여러 가지 상황속에서 내가 그분을 알도 록 이끌어 주셨다. 내가 14살 때, 삼촌의 친구 분이 할 아버지 댁에서 며칠간 머무셨다. 그 때 나는 학교를 가 지 않고 부모님을 도와 일하고 있었는데, 이것은 우리 마을에서는 일상적인 일이었다. 삼촌의 친구는 베트남 어 성경을 내게 주셨다. 독서를 좋아하는 나는 성경을 읽는 것에 관심을 가졌고, 내가 읽은 것에 관해 그에게 질문을 했다.

나는 그 기간에 하나님을 많이 시험했고 다른 필요한 것들을 달라고 기도했다. 성경을 읽어 가 면서 점차 그것이 진리라는 것을 믿게 되었다. 나는 창조주는 꼭 있는 존재라고 늘 생각했기 때 문에 창세기의 말씀과 하나님의 천지창조에 매료되었다. 나는 창조에 대해 그렇게 많이 생각하 게 하시고 그분의 말씀을 읽고 이해하는데 갈급한 마음을 주신 분, 또한 그분을 알게 하신 분이 하나님이셨다고 믿는다.

PRAY
- 하나님께서 베트남 사람들에게 자신을 계시하고 계심을 찬양하자!
- 더 많은 베트남 사람들이 하나님에 대한 갈급함을 가지고 그분을 알아 갈 수 있도록 기도 하자.

17. 음악

"우리가 비록 멀리 떨어져 있지만, 네게 내 마음 속의 노래를 불러 주겠다는 약속을 잊지 않고 있어. 해마다 봄이 올 때면, 나는 너를 기억해."

이것은 베트남에서 유행하는 잊혀진 사랑에 대한 노래 가사이다. 그 대상은 사람이 아니라 봄의 아름다움으로 유명한 하노이이다. 사람이 아닌, 아름다운 하노이의 봄을 노래하는 유명한 베트남 노래의 가사이다.

베트남 사람들은 노래 부르는 것을 아주 좋아한다. 많은 사람들이 밤에 함께 하는 활동 중 노래방에 가는 것을 선호한다. 음악은 고대 오페라나 잘 알려진 전통 노래들로부터 가장 최신의 'V-pop'까지 베트남 문화의 중심을 차지하고 있다. 스타일은 다르지만 노래의 내용은 대개 사람들과 어떤 장소들에 대한 사랑과 갈망들이 주를 이룬다.

많은 전통적인 개신교 교회들이 옛날 찬송가를 더 선호하지만, 점점 그들의 예배에 베트남식의 찬양들을 도입하려는 움직임들이 있다. 그리고 좀 더 비공식적인 가정교회에서는 번역된 복음성가들과 친숙한 현지 음악 스타일을 사용하는 현지인 신자들이 작곡한 찬양들이 섞여 있다. 이렇게 전통적이고 새로운 스타일의 노래들이 베트남 신자들을 인도하여 찬양을 통해 예수님을 예배하도록 도울 수 있을까? 음악을 사용하여 예수님에 대해 한번도 들어보지 못한 사람들을 어떻게 전도할 수 있을까?

PRAY

- 베트남 신자들이 전심으로 예수님을 예배할 수 있는 찬양을 부르게 되도록 기도하자.
- 음악적 재능이 있는 신자들이 새로운 찬송가를 작사, 작곡할 수 있도록 기도하자. 교회가 성장해 감에 따라 문화에 적합한 음악 스타일을 갖는 것은 중요한 발전이기도 하다.
- 음악은 복음을 나누는데 훌륭한 방법이 될 수 있다. 음악을 중시하는 베트남 사회에서 효과적으로 사용되도록 기도하자.

18. 과거와의 연결

"아버지가 정말 기뻐하실 것이다" 짠(Tran)은 조상신을 숭배하는 사당의 헌정식에서 선언했다. 이 사당은 짠의 가족이 1960년대에 베트남을 떠난 이후 폐허가 되었는데, 그동안 나이 든 전직 하인이 사당이 붕괴되지 않도록 관리하고 있었다. 현재 미국에서 성공한 사업가인 짠은 베트남 중부의 후에(Hue)라는 도시 외곽에 있는 이 사당의 복구를 위해 막대한 자금을 투자했다. 그의 증조부는 탄 타이(Thanh Thai) 황제의 궁궐에서 섬기던 고위 관료로 19세기말에 가족의 성공을 과시하기 위해 이 사당을 지었었다.

실제로 사당을 복구하기 위해 후에(Hue) 전역에 걸쳐 많은 조상신 숭배 사당들이 외관이 화려하게 채색되고, 지붕 꼭대기에 가족 보호를 상징하는 용들이 다시 복구되고 있으며, 오랫동안 잊혀졌던 가족 기념품들이 개인 역사박물관을 위해 수집되고 있다. 이런 사당들의 중앙에는 선조들을 위해 웅장하게 조각된 목조 제단들이 있어서, 그들의 유골들이 담긴 오래된 옻칠한 병들과 함께 자리를 차지하고 있다.

그 옛날 왕이 살았던 후에 지역은 이제 왕과 그의 고위 관료들의 웅장한 행렬보다는 관광객들로 북적거리고 있고, 오래된 궁궐에는 빈 왕좌만 있다. 이 도시의 역사에 관한 전시회에서 황제는 "최고의 권위자이며, 지상에서 하늘을 대표하는 자"로 묘사되고 있다.

후에 지역과 같이 베트남에는 복음에 극렬하게 저항해 왔던 장소들이 많다. 후에 지역의 조상신 숭배와 세상 왕국의 힘의 역사가 복음에 강하게 저항하는 역할을 하지 않았겠는가?

PRAY

- 베트남 사람들이 진정한 하늘의 왕과 하나님 나라의 소망을 알 수 있도록 기도하자.
- 특별히 영적으로 도전적인 환경에 있는 복음 사역자들에게 지혜를 주시도록 기도하자.
- 후에(Hue) 지역에 자라고 있는 복음의 작은 씨앗들이 그리스도 안에서 성장과 보호를 받게 하시고 양육하시는 그리스도의 은혜 안에 자라도록 기도하자.

19. 행운?

짱(Trang)은 빨간 신호등에서 가방을 소매치기 당하자 소리쳤다. "그 어떤 물건도 잃어버려선 안 돼! 나는 너무 운이 없어!" 그녀는 바로 그 일이 일어나기 일주일 전에 오토바이를 도둑맞았다. 이런 종류의 불행은 불행한 영들로부터만 올 수 있는데, 중요한 대학 시험이 다가오고 있

어서 그녀는 그 어떤 기회도 가질 시간이 없었다. 그녀의 엄마는 이런 불행을 막기 위해 돌아가신 조부모님께 부적을 태우라고 그녀에게 권면했다. 그리고 동네의 사원에서 행운의 부적을 하나 사왔다.

짱은 베트남의 전형적인 학생들처럼 열정적이고 열심이며 세상에서 자신의 길을 개척하려는 의지가 강하고 많은 돈을 벌고 싶어 한다! 하지만 그녀는 여전히 조상 대대로 내려오는 미신적인 사고의 영향을 받고 있다.

얼마나 깊게, 그리고 얼마나 오래 이런 영적인 뿌리들이 그들의 마음속에 자리잡고 있었을까? 비록 대부분의 베트남 젊은이들이 자신을 무신론자로 묘사하지만 그것은 단지 공식적인 대답일 뿐이다. 실상은 대부분의 사람들은 중요한 절기에 조상의 제단에 제물을 드리거나, 일들이 잘 안 풀릴 때나 행운을 바랄 때 어떤 모양으로든 조상신 숭배와 여전히 깊이 연관되어 있다.

PRAY

- 복음을 듣는 것과는 거리가 먼 사람들이 복음의 맛을 볼 기회를 가질 수 있도록 기도하자.
- 교회 지도자들의 지혜를 위해 기도하자. 새로운 신자들이 전통적인 영적 구습에 대해 자유로운 것처럼 보이지만, 실제로는 주의 깊은 제자훈련이 필요하다.
- 베트남의 그리스도인들이 이런 문제들에 대한 인식을 새롭게 하여 얼마나 많은 베트남 사람들이 어둠에 매여 있는지 알게 하시고 모든 권세를 정복하고 부활하신 그리스도 안에서 승리의 확신을 가지도록 기도하자.

20. 성장하기

티엔 언(Thien An)은 부모님, 언니와 함께 호치민시에서 살고 있는 13살 소녀이다. 그녀는 기독교 가정에서, 또 주일마다 교회에서 예배를 드리며 성장했지만 베트남 학생단체에서 주도한 기독교 여름 수련회에서 그리스도께 자신의 삶을 헌신한 것은 불과 몇 달 밖에 되지 않았다. 그녀가 예수님과 인격적인 관계를 갖도록 초대받은 것은 이번이 처음이었다. 그녀는 교회 활동들에 아주 경건하게 참여해 왔다. 성경 구절들을 암송하고, 아버지가 식사 시간에 가르쳐 주신대로 기도하고, 잠자기 전이나 심지어 주일학교 소그룹에서도 기도를 했다. 그러나 최근에서야 그녀는 하나님께서 올바른 행동뿐만 아니라 자신과 교제하기를 원하신다는 것을 알았다.

티엔 언은 교회의 소그룹을 통해 하나님께 더 가까이 가는 삶을 살고 있다. 교회 리더들은 십대들에게 학교에 있는 친구들에게 자신의 믿음을 나누라고 격려하고 있다. 티엔 언도 자신의 믿음에 대해 나누려고 최선을 다했지만 친구들은 그녀가 미신적이고 시대에 뒤떨어진다며 비웃었다. 친구들은 남자 친구를 찾는 일이나 최신 한국 드라마에 더 관심을 가지고 있다. 가장 친한 친구 두 명이 전도 집회에 오긴 했지만 그녀가 믿는 하나님을 더 깊이 알아가는 것에 대해서는 관심을 보이지 않았다.

PRAY

- 기독 청소년들이 동일한 믿음을 가진 또래 그룹이 없는 사회에서 성장하기에 어려움이 많다. 이들이 예수 그리스도 안에서 분명한 정체성을 가지도록 기도하자.
- 많은 젊은이들이 교회의 여름 수련회에서 자신들의 삶을 그리스도께 헌신한다. 때때로 정부가 이런 수련회를 금지하기도 한다. 교회들이 수련회를 준비할 때 담당 부서의 허가를 잘 받을 수 있도록 기도하자.
- 교회가 종교적 활동과 외형에 치우치지 않고 은혜와 하나님과의 개인적인 교제를 가르치는 일에 지혜를 주시도록 기도하자.
- 십대 그리스도인들이 친구들에게 담대하게 자신의 믿음에 대해 나눌 수 있도록 기도하자.

21. 어떻게 그들이 복음을 들을 수 있을까?

타이(Thai)와 그의 친구들은 어느 날 저녁 함께 모여서 토(Tho)족을 위해 기도했다. 비록 전형적인 베트남의 도시 사람들이지만 타이와 그의 친구들은 베트남의 많은 시골 지역에 사는 소수 종족들을 위한 부담을 가지고 기도한다. 그들은 정기적으로 기도모임을 갖고 있으며, 모일 때마다 다른 소수 종족에 대해 알아가며 기도로 소수 종족들이 살아계신 하나님을 알게 해 달라고 부르짖고 있다. 그날 저녁에 그들은 하나님께서 '토'족을 전도할 새로운 방법을 열어달라고 간청했다. 타이는 그가 이 종족들  중에 많은 사람들이 예수님께서 그들을 위해 죽으셨다는 사실은커녕, 심지어 예수님에 대한 이름도 들어 본적이 없다는 사실을 알았을 때 마음이 아파 눈물을 흘렸다.

토(Tho)족은 베트남 중부의 북쪽 산악 지역에 있는 응해 안(Nghe An) 주의 시골 마을에 살고 있는 8만이 조금 넘는 소수 종족그룹이다. 이들은 소수의 신자들 밖에 없는 이 나라에서도 가장 복음이 전해지지 않은 종족에 속해 있다. 많은 종족그룹들이 서로 다른 언어와 문화를 갖고 있어서 복음을 효과적으로 나누는데 장벽이 되지만, 토족은 실제로 베트남과 아주 근접한 언어와 문화를 갖고 있다. 베트남 신자들은 이미 토족과 연결되기 시작했다. 이 일에 풍성한 열매를 맺도록 기도하자.

PRAY

• 베트남의 소수 종족을 향한 부담을 가진 베트남 그리스도인들이 하나님께서 소수 종족들 가운데 역사하실 것을 기대하는 믿음과 열정을 가지고 기도하도록 기도하자.
• 소수의 토(Tho)종족 출신의 그리스도인들이 그리스도의 사랑과 그분을 아는 지식 안에서 성장해 가도록 기도하자.
• 토족을 전도할 마음을 가진 베트남 그리스도인들 중에 토 종족과 더불어 살며 그들을 전도할 헌신자들이 더 많이 나오도록 기도하자.

22. 함정에 빠지다

프엉(Phuong)은 젊고 예쁜 베트남 여성이다. 교육 수준이 낮고 매우 가난한 그녀는 18살에 돌봐야 할 아이가 생기면서 가진 돈이 급속도로 줄어들었다. 고등학교도 졸업하지 못해 안정적인 직업을 찾을 수 없었다. 프엉은 자신의 딸이 좀 더 나은 생활을 하기를 절실히 원했다. 어느 날한 사업가가 아시아의 다른 국가에 있는 호텔에서 일할 젊은 여성을 찾기 위해 그녀가 사는 마을에 왔다. 그는 프엉에게 안정적인 수입을 약속했고 부모님과 딸을 양육할 만큼의 여유 돈을 송금할 수 있을 거라 말했다.

부모님의 지지를 받아 프엉은 2년의 고용계약을 맺고 집을 떠났다. 그녀는 자신과 같은 고용계약을 맺은 3명의 여성들과 자신들을 돌봐줄 남자와 함께 여정을 시작했다. 그러나 새로운 나라에 도착하자마자 그 남자는 그녀들의 여권을 빼앗고 돌려주지 않았다.

이들은 무언가가 크게 잘못되었음을 깨달았다. 프엉은 인신매매를 당한 것이다.

새로운 나라에서 프엉과 다른 불법 체류자들은 아무런 법적 근거가 될 서류가 없었다. 그들은 돈도 없고 전화기도 빼앗겼다. 만약 그들이 도망을 간다면 가족의 안전이 위협 받게 된다. 프엉은 매음굴에 갇혔고 이곳에서 벗어날 가망이 전혀 없다. 그녀는 만약 이곳에서 도망치더라도 가족에게 돌아갈 수 없다. 모두에게 너무 수치스러운 일이 되기 때문이다.

PRAY

- 인신매매를 당한 수천 명의 어린이들, 여성과 남성들이 풀려날 수 있는 길을 위해 기도하자.
- 프엉과 같은 여성들과 이들을 돕는 사역자들의 안전을 위해 기도하자. 베트남 내에 있는 단체들의 영향력이 증가하여 변화를 일으킬 수 있도록 기도하자.
- 그리스도인들을 포함한 더 많은 베트남 사람들이 프엉의 경우와 같은 비극적인 상황을 예방하는 것에 관심을 가지고 지지할 수 있도록 기도하자.

23. 믿음의 장벽들

투이(Thuy)는 동료의 초청을 받아 도시에 있는 큰 복음적인 교회에 나갔다. 그녀는 가끔씩 들은 말씀이 매우 흥미로웠다. 아직은 명확하게 이해할 수 없지만 기회가 된다면 언제든지 말씀을 더 듣고 싶었다.

몇 달 후 예배를 마치고 집에 가려는 투이에게 교회의 리더 한 분이 찾아와서 그녀가 교회를 비정기적으로 출석하는 것을 언급하며 매주일 교회에 출석해야 한다고 했다. 교회에 오려면 아들을 돌봐줄 사람을 찾아야 하는 그녀에게 이것은 큰 난관이다. 교회의 지도자는 또한 그녀 집에 있는 가족 산당도 없애야 한다고 했다. 투이는 어떻게 해야 할까? 무남독녀인 그녀는 부모님과 조부모님의 제사도 지내야 한다.

베트남 사람들은 대부분 집단의 일원이 되는 것을 좋아한다. 그래서 교회에 새롭게 출석하게 된 사람들은 대개 이와 같은 요구에 동의하고 빠르게 교회에 흡수되어 신자라고 인정을 받는다.

하지만 투이는 이러한 삶의 방식을 바꾸는 것에 쉽게 동의할 수가 없다. 기독교는 부담스럽고 어려운 것으로 보인다. 성경은 옛날 말로 쓰여 있어 이해할 수도 없고, 교회의 찬송은 너무 고리타분하며 게다가 베트남 노래도 아니다. 교회가 그녀의 삶에 의미가 있다는 것을 찾을 수 없어 결국은 더 이상 교회에 가지 않고 있다.

PRAY

- 베트남 사람들을 위해 기도하자: 수백만의 사람들이 예수님에 대해 들어보지 못했고 복음으로 나아가기 위한 수많은 장벽들이 있다.
- 진리를 찾고 있는 사람들에게 베트남 교회들이 세심하게 반응하도록 기도하자.
- 베트남 그리스도인들이 믿지 않는 사람들과 진실한 우정을 세워가도록 기도하자.
- 오래된 교회들과 신자 개개인의 마음에 부흥이 일어나며 율법주의로부터 벗어나도록 기도하자.

24. 진정한 자유

4살 난 꾹(Cuc)이 아프기 때문에 그의 부모는 자주 아이를 무당에게 데리고 간다. 무당이 칼로 아이의 배를 여러 차례 베어서 피가 나게 했다. 아이는 아파서 울부짖었지만 엄마가 팔을 꽉 붙잡고 있어 움직일 수조차 없었다. 엄마가 무당에게 왜 아이의 몸을 자꾸 베냐고 물었더니 무당은 아이의 몸에서 악령이 아직 빠져 나오지 않아 더 고통스럽게 해야 한다고 답했다. 꾹은 고통으로 기절했고 무당이 베는 것을 멈춘 후 깨어났다.

무당은 종이 위에 한자를 쓴 후 종이를 반으로 찢었다. 반쪽을 태운 재를 물에 타서 아이에게 마시게 했다. 나머지 반쪽은 말아서 헝겊 조각 안에 넣고 꿰매었다. 꾹의 엄마는 아이에게 헝겊 부적을 잘 간직하고 매일 차고 다니라고 했다. 이 부적은 그녀를 보호해 주는 것이었고 꾹은 이것을 3년 동안이나 간직했다. 꾹이 그리스도인이 되고 몇 달 후 목사님이 이 부적에 대해 알게 되었고 아이의 아버지와 이것에 대해 이야기 했다. 꾹의 아버지는 자신은 아직 예수님을 믿지 않지만 이 부적을 없애는 것을 허락하겠다고 약속했다.

PRAY

- 아직까지도 이런 토속 신앙에 빠져 있는 수많은 가정들 가운데 영적인 돌파가 일어나기를 기도하자. 그리스도 안에 진정한 자유가 있음을 깨닫도록 기도하자.
- 그리스도인들이 복음을 전할 때 예수 그리스도가 이러한 영들보다 더 능력이 있으시며 두려움이 아닌, 사랑과 자유를 주시는 분이신 것을 전하도록 기도하자.
- 베트남에서 흔히 볼 수 있는 '귀신 들림'을 교회들이 지혜롭게 다루도록 기도하자.
- 그리스도인들이 무당에게 가는 것이 아니라 그들에게 주어진 참된 자유를 누리도록 기도하자.

25. 창의적으로 접근하기

"그리고 교회에서 목사님이 설교하지 않기!" 이 문구는 아이들에게 크리스마스 선물을 나누어 주는 시골교회가 받은 전달 사항 중 하나였다. 이 교회는 목사님이 설교하는 대신에 교회의 청년들을 그들이 사는 지역사회로 보내어, 어린이들을 만나 예수님이 우리에게 선물이 되신다는 성탄의 이야기를 해주도록 격려한다. 청년들은 이 선물이 주어진 이유를 설명하기 위해 각 가정을 방문하기도 하고 논두렁과 길거리에서 드라마와 스토리텔링을 한다. 한 해에 2만 개 이상의 선물을 나누어 주었고 수천 명의 어린이들이 이 메시지에 반응을 보였다.

일반적으로 이러한 시골 교회에서는 소수의 어른들만이 복음에 반응하였는데, 놀랍게도 절반 이상의 어린이들이 지속적으로 관심을 보였고 지역교회의 일원이 되었다. 교회들은 계속해서 성경 이야기들을 가르쳤는데 어떤 아이들은 가족들까지 데려왔다. 이 사역으로 인해 수백의 가정들이 변화되고 있다.

공책이나 연필 등 겨우 1,000원 정도의 작은 선물이 무한한 은혜의 하나님과 이어지는 것에 사용되고 있다. 이 선물 프로젝트에 참여하는 베트남 단체들은 올해도 20만 개의 선물을 나누어 주려고 계획하고 있다.

PRAY

- 더 많은 베트남 어린이들이 예수님에 대해 들을 수 있도록 하나님께 기도하자. 주님을 사랑하고 그에게 순종하는 새로운 세대들이 일어나 그들의 조국 베트남 땅에 선한 영향력을 끼치도록 기도하자.
- 한 번도 복음을 들어보지 못한 이들에게 복음을 전할 수 있는 '선물 프로젝트'와 같은 창의적인 방법을 허락하신 하나님을 찬양하자.
- 이 크리스마스 선물 사역이 더욱 성장해 가도록 기도하자.

26. 뿌리 내리기

썬(Son)은 5일 간의 소규모 대출 (microfinance) 사업 과정을 마쳤다. 그는 이 주제에 흥미를 가졌고 그의 마을에 있는 가정교회에 이것을 어떻게 적용할 수 있을까 생각하였다. 미국에서 온 강사는 경험이 아주 풍부하여 많은 것을 가르쳐 주었다. 또한 아시아의 여러 국가에서 소규모 대출 사업을 시작했다고 하면서 참가자들에게 여러 가지 조언을 했다. 썬은 이것이 그의 교회 공동체에 속해 있는 가난한 농부들을 도울 수 있는 좋은 방법이 되지 않을까 생각했다.

훈련이 끝나고 썬은 자신의 마을로 돌아가 교회의 목사님께 소규모 대출 사업을 소개하며 의논했다. 목사님은 이것은 그들의 상황과 맞지 않는 것 같다고 했고, 현재 훈련 교재에는 먼지만 쌓여 있다. 성숙한 그리스도인으로 영어에 능통한 썬은 근처에 있는 도시에서 열리는 또다른 주제의 새로운 훈련과정에 초대 받아서 참석하고 있다.

수많은 훈련 과정들이 베트남에서 열리고 있다. 대부분 외국어 통역자를 세워 며칠동안 진행한다. 훈련 교재들은 쌓여 가지만 실제 적용되는 것은 적다. 경험이 있고 언어와 문화를 이해하며 훈련생들을 지속해서 지도해줄 수 있는 멘토가 많지 않다. 어떤 이들은 배운 것을 시도하지만 일반적으로 도전에 직면하게 되면 어떻게 해야 할지를 몰라 실패할 것 같으면 쉽게 포기한다.

PRAY

- 장기로 헌신하여 그들의 언어를 배우고 그들과 함께 할 준비가 되어있는 사역자들이 더 많이 베트남에 오도록 기도하자.
- 훈련을 제공하는 사람들이 훈련받는 사람들의 필요에 실제적으로 도움을 줄 수 있는 지혜를 주시도록 기도하자.
- 현지인들이 현지의 상황에 맞는, 현지인들을 훈련할 수 있는 방법들을 개발하여 그 결과로 변화가 일어나 하나님의 나라가 확장되도록 기도하자.

27. 호치민

"호치민의 모범과 철학을 열심히 연구하고 따르자" 이것은 베트남의 모든 도시와 마을마다 걸려 있는 대형 현수막에 적혀있는 구호이다.

'호 아저씨'로 불리고 있는 호치민은 아직까지도 대단한 존경을 받으며 베트남의 아버지로 추앙받고 있다. 대학생들은 호 아저씨의 가르침이 포함된 마르크스주의를 필수 과목으로 이수해야 한다. 호치민은 죽은 후 자신을 고향에 묻어 달라고 요청했지만 그의 시신은 방부 처리되어 하노이에 있는 기념관에 안치되었다. 베트남의 국민적 영웅으로 추앙받으며 그의 사진이나 흉상은 불교 사원에 역사적인 영웅들과 함께 모셔져 있다. 그의 초상화나 어록들은 대학의 강의실과 공식 회의장의 벽에 붙어 있다.

호치민은 자신의 조국 베트남이 열강의 지배에서 벗어나 독립하고 백성들이 자유를 누리며 살아가기를 열망했다. 그는 확실한 비전을 가졌으며 오랜 세월을 인내할 의지가 있었다. 그는 "10년 후 수확을 바란다면 나무를 심으십시오. 100년 후 수확을 원한다면 사람을 양성하십시오."라고 말했다. 물론 그의 삶에서 존경할 것과 배울 점이 많다. 그러나 결국 베트남이라는 나라의 역사와 미래는 전능하신 하나님의 손에 있다. 시편의 말씀이 베트남인들에게 사실이 되도록 기도하자.

"땅의 모든 끝이 여호와를 기억하고 돌아오며 모든 나라의 모든 족속이 주의 앞에 예배하리니 나라는 여호와의 것이요 여호와는 모든 나라의 주재심이라"(시22:27-28)

28. 복음 전달하기

하노이의 한 대학생이 므엉(Muong)족인 니엠(Niem)에게 복음을 전했다. 니엠은 지극히 높으신 하나님을 따르기로 결심하고, 즉각적으로 그의 친구 람(Lam)을 포함한 모든 이들에게 하나님에 대해 그가 아는 것을 나누기 시작했다. 람은 처음에는 의심했지만 그 역시 주님을 따르게 되었다. 니엠은 가족을 방문하기 위해 고향으로 돌아갔는데 그의 아내도 그리스도인이 되었다. 그의 장인과 장모님도 마음이 많이 열렸다.

다른 주에 가서 일하고 있던 므엉족 신자 띠엔(Tien)이 고향으로 돌아와 이 새로운 신자들의 무리에 대해 듣고 그들과 만남을 가지기 시작했다. 니엠과 이들 신자들은 크리스마스 파티를 열고 20명 이상의 사람들을 초대했다. 그날 밤 4명의 젊은 여성들이 예수님을 영접했다. 최근 도시에서 일하고 있는 한 부부 또한 복음을 듣고 신자가 되었다.

*베트남에는 1천4백만 이상의 므엉족이 있는데 대부분은 농촌지역에서 살고 있다. 전체 므엉족 가운데 천 명 이하의 복음적인 그리스도인들이 있다.

PRAY

- 므엉족들을 하나님의 나라로 이끄신 주님을 찬양하자. 신자들에게 복음 증거에 대한 열정이 지속적으로 증가하도록 기도하자.
- 하나님 나라를 위해 이 작은 가정교회들이 자신들이 일하고 있는 도시와 가족들이 살고있는 지역에 영향력을 주는 일에 사용되도록 하나님께 간구하자.
- 하나님께서 이 새로운 신자들을 교회 개척자가 되도록 불러서 모든 므엉족 마을마다 므엉족 신자들의 모임이 생겨나도록 기도하자. 므엉족 사람들의 마음이 하나님께로 나아가고 높으신 하나님께 대한 목마름을 가지도록 간구하자.

29. 기적을 체험한 여성

하노이에 살고 있는 한 그리스도인 소녀가 감동적인 이야기를 해 주었다.

우리 성경학교 학생들은 훈련의 일부로 다른 지역에 가서 예수님을 전해야 한다. 고산지대로 가는 여행에서 나는 천주교 배경을 가진 76살의 놀라운 할머니를 만났다. 할머니는 2004년 주님을 만났고 그 이후로 여러 가지 고난과 핍박을 받았다.

할머니는 문맹이었지만 성경을 읽고 싶은 마음이 간절하여 하나님께 기도했다. 하나님께서는 그녀를 위해 기적을 행하셨다! 그녀가 글을 읽을 수 있게 되었다. 처음에는 짧은 단어들 밖에 읽지 못했지만 점점 긴 단어들을 읽고 이제는 성경 전체를 읽을 수 있게 되었다. 할머니는 다른 책들은 읽지 못하고 오직 성경만 읽을 수 있다.

할머니는 자녀가 많은데 그녀를 통해 백 명 이상의 친척들이 예수님을 믿게 되었다. 그녀는 가족과 친지들에게 복음을 전하였다. 할머니의 아들과 며느리 그리고 그들의 8명의 자녀 모두가 이제는 하나님을 믿게 되었다.

할머니는 매달 여러 지역을 순회하는 짧은 전도여행을 한다. 할머니는 베트남 중부에 가서 복음을 전할 기회를 달라고 하나님께 간절히 기도하고 있다. 할머니는 가능하다면 오토바이라도 타고서 중부를 여행하기 원한다. 그녀는 약하고 왜소하지만 그녀 안에는 복음 증거에 대한 불타는 열정이 타오르고 있다. 우리 교회의 청년이 할머니와 할머니의 끝없는 에너지에 대해서 이야기해 줄 때, 우리는 매우 부끄러웠다.

PRAY

- 할머니 안에 있는 복음에 대한 불타는 열정이 우리에게 도전을 주도록 기도하자.
- 지역의 공권력으로부터 자주 조사를 받고 박해를 당하고 있는 농촌지역에 있는 베트남 그리스도인들을 보호해 주시도록 기도하자.

omf.org

하나님의 영광을 위하여 베트남이 변화되기 위해서는
기도가 그 바탕에 있어야 한다. – 이 책은 여러분이 이 다채로운 나라와
그곳에 사는 사람들을 생각하며 기도할 수 있도록 도와줄 것이다.

03230

ISBN 978-89-98012-34-2
값 3,000원

오늘의 시인 총서 14

산정묘지

조정권 시집

민음사

조정권

1949년 서울 출생. 중앙대 영어교육과 졸업. 1970년에 박목월 선생의 추천으로 《현대시학》을 통해 등단하였다. 1977~1983년까지 예술종합지 《공간》의 편집장과 주간을 역임하였고, 1983년부터 한국문화예술진흥원에서 근무했다. 2017년 별세했다.

「수유리 시편」으로 제5회 녹원문학상을, 『하늘이불』로 제20회 한국시인협회상을, 1991년 『산정묘지』로 제10회 김수영문학상과 제7회 소월시문학상을, 「튀빙겐 가는 길」로 제39회 현대문학상을 수상하였다.

한대균과 질 시르의 공역으로 프랑스어판 『산정묘지 (*Une tombe au sommet*)』(2000)가 프랑스 시르세 출판사에서 출간되었으며, 이 작품은 한국문학번역상을 수상 (2001)하였다.

그 외 시집으로, 『비를 바라보는 일곱 가지 마음의 형태』, 『시편(詩篇)』, 『먹으로 흰 꽃을 그리다』, 『고요로의 초대』 등이 있다.

모든 사람들이 다투어 일용할 양식을 도모해 탐욕의 저자로 몰려갈 때 조정권은 역부러 삭풍을 맞으러 山頂을 향해 갔다. 얼음과 만년설과 寒氣의 벼랑에서 그는 견인주의의 기개를 길렀고 비속한 시대를 질타했다. 그리고 미래의 〈歌人〉을 기다리며 〈切腹〉 시대의 도래를 예고했다. 그리고 그것은 시인의 위엄에 값하는 기품 있는 거지였다. 위엄과 기품이 도처에서 사라져 가는 오늘 그것은 삶의 외경을 복원시키는 일이기도 하다. 문학에 있어서의 존엄과 기품의 회복은 이제 도덕적 요청이 되어간다는 감개마저 금할 수 없다.

— 유종호/연세대 석좌교수 • 문학평론가